Pethau o'n cwmpas

Nelson

Rydw i'n fyw.

Roedd rhai o'r pethau sydd o'n cwmpas yn fyw unwaith hefyd.

Roedd fy mhensil i'n fyw.
O goeden y daeth hi.

Beth arall sy'n cael
ei wneud o goed?

Mae gen i siwmper

wlân gynnes.

Daeth y gwlân o ddafad.

Bwyd sy'n fy nghadw i'n fyw.

Daw ein bwyd o bethau byw.

Mae fy llwy i
wedi ei gwneud o fetel.

Daw metel o greigiau.

Fuodd metel erioed yn fyw.

Mae clai yn cael ei gloddio
o'r ddaear.

Gallwn wneud llestri o'r clai.

Mae'n rhaid crasu'r clai yn galed mewn popty poeth.

Fuodd clai erioed yn fyw.

Roedd rhai pethau yn fyw
unwaith... ond fuodd pethau
eraill erioed yn fyw.